Transferencia de energía

Torrey Maloof

Asesora

Michelle Alfonsi
Ingeniera, Southern California
Aerospace Industry

Créditos de publicación

Rachelle Cracchiolo, M.S.Ed., *Editora comercial*
Conni Medina, M.A.Ed., *Gerente editorial*
Diana Kenney, M.A.Ed., NBCT, *Editora principal*
Dona Herweck Rice, *Realizadora de la serie*
Robin Erickson, *Diseñadora de multimedia*
Timothy Bradley, *Ilustrador*

Créditos de las imágenes: Portada, pág.1 tzars /
iStock; pág.14 David Nicholls / Science Source; pág.21
Gary S. Settles / Science Source; pág.8 Iain Masterton/
Alamy; págs.4, 6, 7, 9, 10, 12, 13, 16, 17-20, 26 iStock;
pág.11 Jacopin / BSIP / Alamy; págs.28, 29 Janelle Bell-
Martin; pág.32 Martin Shields / Alamy; págs.13, 19 NASA;
pág.23 Science Source; págs.6, 7 Timothy J. Bradley; las
demás imágenes cortesía de Shutterstock.

Teacher Created Materials

5301 Oceanus Drive
Huntington Beach, CA 92649-1030
http://www.tcmpub.com

ISBN 978-1-4258-4704-3
© 2018 Teacher Created Materials, Inc.

Contenido

La energía está en todas partes

Es una fría mañana de invierno. La calefacción de tu casa se enciende justo cuando el reloj despertador comienza a sonar. Con los ojos todavía cerrados, buscas a tientas en la oscuridad el interruptor de la luz en la pared. ¡Clic! Con un sencillo movimiento, la habitación se inunda de luz. Apagas el despertador, respiras profundamente y abres despacio los ojos. Estas listo para comenzar el día. La calefacción de la casa, el despertador que está junto a la cama y las luces de la habitación funcionan con **energía**. ¡También funcionas tú con energía! La energía está en todas partes.

Usas energía para salir de la cama, vestirte y cepillarte los dientes. La energía hace andar la bicicleta con la que vas a la escuela, mantiene los aviones en el cielo y hace funcionar los automóviles que pasan a tu lado en la carretera. En cualquier parte que mires, la energía está funcionando. Pero, ¿qué es exactamente la energía?

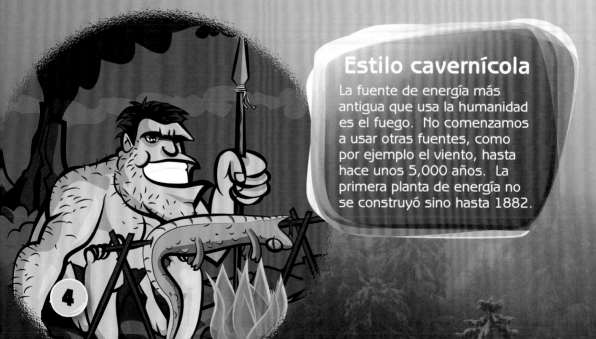

Estilo cavernícola

La fuente de energía más antigua que usa la humanidad es el fuego. No comenzamos a usar otras fuentes, como por ejemplo el viento, hasta hace unos 5,000 años. La primera planta de energía no se construyó sino hasta 1882.

La energía hace funcionar esta motocross.

Una familia promedio en Estados Unidos gasta alrededor de $2,000 al año en facturas de energìa.

La energía en funcionamiento

La energía es la potencia o la capacidad de hacer algún tipo de **trabajo**. Cuando los científicos usan la palabra *trabajo*, quieren decir "movimiento". Se refieren al movimiento de átomos, moléculas y objetos más grandes. ¡En otras palabras, la energía pone las cosas en movimiento!

Supón que estás remando en un bote en un lago. Empujas los remos hacia delante. Luego, empujas los remos hacia atrás. Empujar hacia delante y hacia atrás impulsa, o hace mover, el bote. Estás usando la fuerza para mover algo. ¡Estás usando la energía para hacer un trabajo!

Empujar los remos hacia delante y hacia atrás en el agua produce un trabajo: ¡el bote en movimiento!

Existen dos tipos de energía: la almacenada y la activa. La energía activa se conoce como **energía cinética**. Es la energía del movimiento. Es energía en acción. La energía almacenada se llama **energía potencial**. Es energía que puede usarse más adelante. Ahora, imagina un libro apoyado sobre una mesa. El libro tiene energía potencial. Si usas la mano para empujar el libro, estás usando energía cinética. Cuando el libro cae, la energía potencial se convierte en energía cinética.

Si duplicas la velocidad de un objeto, la energía cinética del objeto se multiplica por cuatro.

Potencial poderoso

Cuanto más pesado sea un objeto y más elevado del suelo esté, más energía potencial tendrá. ¡Harry Potter y la Orden del Fénix tiene más de 800 páginas! Ese libro sobre una mesa alta tiene mucha energía potencial.

Un buen ejemplo de energía cinética y potencial es una montaña rusa. Las máquinas que están en las vías empujan el carro hasta la cima de la primera colina. La energía de la máquina se almacena en el carro como energía potencial. El carro sube más y más alto. Aumenta la energía potencial. Cuando llega a la cima de la colina, tiene mucha energía potencial. Las máquinas dejan de tirar del carro. El carro comienza a bajar por la colina. Toda esa energía potencial finalmente se libera cuando el carro baja por las vías. La energía potencial se ha convertido en energía cinética. Los pasajeros gritan cuando el carro incrementa la velocidad. Ya no escucharás a las máquinas trabajar porque el carro se desliza solo. La próxima vez que subas a una montaña rusa, presta atención a la forma en la que se mueve el carro antes y después de una bajada.

Formula Rossa es la montaña rusa más rápida del mundo, icon velocidades que llegan a los 240 kilómetros por hora (149 millas por hora)!

Transferencia de energía

¿Sabías que la energía no se puede crear ni destruir? Más bien, cambia de forma o se transfiere de un objeto al otro. ¡Es indestructible! Veamos las diferentes formas en las que se mueve la energía.

¿Recuerdas ese libro que empujamos de la mesa? ¿Qué sucedió cuando el libro tocó el suelo? Su energía potencial se convirtió en energía cinética mientras caía. Luego, golpeó el suelo y envió vibraciones por el aire. La energía se liberó en forma de sonido. ¡Pum!

Truenos y relámpagos

Cuando el relámpago calienta el aire que está alrededor, el aire se expande rápidamente y vibra. Oímos las vibraciones como truenos.

El estudio de las ondas sonoras se llama *acústica*.

El sonido en movimiento

¡Bang! ¡Crash! ¡Bum! El sonido es una onda de energía creada por las vibraciones que se mueven a través de la materia. Las vibraciones mueven el aire que está alrededor y crean una **onda sonora**. La onda sonora viaja hasta el oído y se traslada por el canal auditivo. Luego, la onda sonora rebota en el tímpano. Después, el tímpano envía un mensaje al cerebro y el cerebro te dice qué es ese sonido.

onda sonora

canal auditivo

tímpano

Las ondas sonoras transportan energía. Cuando la energía golpea una superficie, como una pared, rebota y crea un eco o una copia del sonido. Hay muchos tipos diferentes de sonidos. Si soplas un silbato, creas un sonido agudo. Los sonidos agudos tienen una gran cantidad de ondas sonoras por segundo. Las ondas sonoras se mueven rápidamente. Si haces sonar un tambor, creas un sonido grave. Esto significa que hay menos ondas sonoras por segundo y que se mueven más lentamente.

Onda de compresión

Cuando un objeto crea una onda sonora, las moléculas de aire se comprimen y luego se expanden. La distancia entre una compresión y la siguiente es la longitud de onda de la onda sonora.

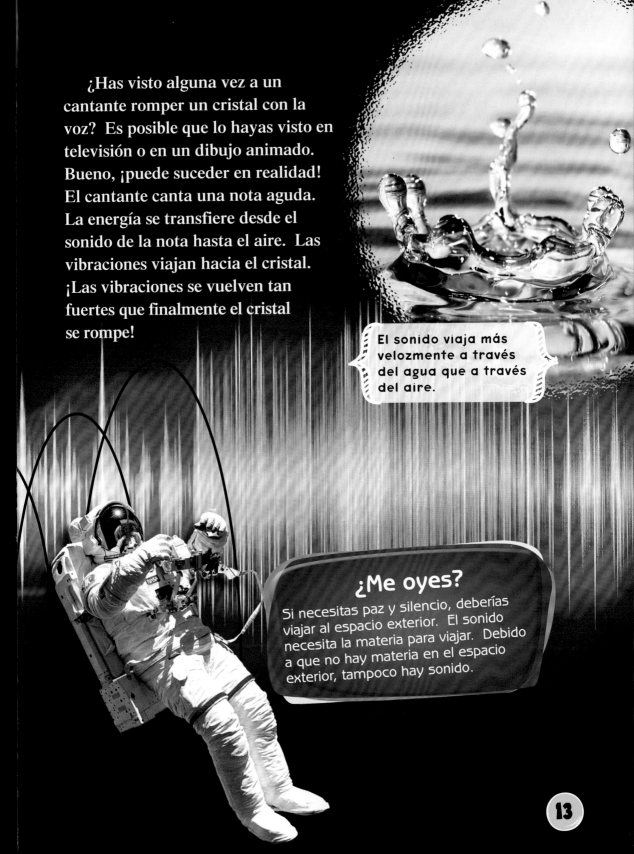

¿Has visto alguna vez a un cantante romper un cristal con la voz? Es posible que lo hayas visto en televisión o en un dibujo animado. Bueno, ¡puede suceder en realidad! El cantante canta una nota aguda. La energía se transfiere desde el sonido de la nota hasta el aire. Las vibraciones viajan hacia el cristal. ¡Las vibraciones se vuelven tan fuertes que finalmente el cristal se rompe!

El sonido viaja más velozmente a través del agua que a través del aire.

¿Me oyes?

Si necesitas paz y silencio, deberías viajar al espacio exterior. El sonido necesita la materia para viajar. Debido a que no hay materia en el espacio exterior, tampoco hay sonido.

Luz en movimiento

¿Sabías que no existiría la vida en la Tierra sin el Sol? La luz solar proporciona energía a la Tierra. Las plantas, los animales y los seres humanos necesitan energía lumínica para sobrevivir.

La luz solar irradia, o viaja, en ondas a través del espacio. Viaja alrededor de 150 millones de kilómetros (93 millones de millas) para llegar a la Tierra. Cuando miras el cielo nocturno, ves estrellas que están mucho más lejos que el Sol. Las estrellas están tan lejos que la distancia se mide en años luz. Un año luz es la distancia que viaja la luz en un año. El Sol está demasiado cerca para medir su distancia en años luz. La luz solar llega a la Tierra en 8 minutos y 20 segundos.

Transformar la luz

La luz se transforma en otro tipo de energía cuando llega a la Tierra. Las plantas usan un proceso llamado *fotosíntesis* para convertir la energía lumínica en **energía química**.

En un minuto, el Sol le da a la Tierra la energía suficiente para un año.

Energía radiante

La energía radiante es otro nombre para la energía lumínica. La energía radiante incluye luz visible, rayos X, rayos gamma y ondas de radio.

Quizás te preguntes cómo el sol nos brinda energía. Observemos en detalle. El brillo solar y la energía lumínica llega hasta la Tierra. Las plantas emplean esta energía para vivir y crecer. Las plantas también almacenan una parte como energía química. Cuando comemos plantas, la energía almacenada se transfiere al cuerpo. Luego, podemos usar esa energía para hacer trabajos. Lo mismo sucede con los animales. Los animales comen plantas y transfieren la energía al cuerpo. Después, cuando una persona come un animal, la energía se transfiere nuevamente. La energía nunca se destruye. Más bien, pasa de un ser vivo al otro.

Tecnología innovadora

El Tesla Roadster tiene un sistema de frenos regenerativo. Cuando quitas el pie del acelerador o aprietas el freno, la energía cinética del automóvil cambia a energía química y se almacena en la batería del automóvil. ¡El freno regenerativo recarga la batería!

El automóvil Tesla Roadster puede andar hasta 394 km (245 millas) por carga.

Tesla Roadster

paneles solares

Debido a que el sol sale todos los días, podemos usar la energía lumínica de otras formas. ¿Sabías que es posible convertir la luz solar en electricidad? Lo hacemos con la ayuda de celdas solares. Las celdas solares pueden agruparse en grandes paneles en un área soleada. Las celdas que están en los paneles convierten la energía lumínica en **energía eléctrica**. Esa energía puede hacer funcionar automóviles eléctricos y calentar hogares.

Calor en movimiento

La energía térmica es otra forma de energía. Piensa en las moléculas y los átomos dentro de un objeto. Estas son **partículas** y están en movimiento. Se mueven hacia delante y hacia atrás. Cuanto más rápido se mueven, más energía tienen. Cuanta más energía tienen, más aumenta su temperatura. La energía que tienen las partículas se llama *energía térmica*. La energía térmica no es lo mismo que el calor. El calor es el movimiento de la energía térmica entre dos objetos. Existen tres formas en las que se puede transferir el calor: **radiación**, **conducción** y **convección**.

Imagina que estás jugando al aire libre en un día caluroso. Estar parado bajo la luz solar te acaloró y vas en busca de sombra. Es posible que sientas que el calor sale del suelo. La transferencia de la energía térmica solar a través del espacio es la radiación. La radiación te da calor y también calienta el suelo donde estás parado.

Hasta fines del siglo XIX, los científicos creían que el calor era una sustancia en vez de energía.

Poderoso sol

La radiación solar destiñe los colores con el tiempo. Rompe los enlaces de las moléculas de los tintes, de modo que reflejan un color diferente del que tenían. En la actualidad, debido a la radiación, las banderas que están en la luna se han vuelto blancas.

¡No lo olvides!

Es importante recordar que la temperatura no es calor. La temperatura es simplemente una medición del calor. Entonces si hace mucho calor afuera, solo significa que hay mucha energía térmica.

Ahora, ¿qué sucede si tocas el suelo caliente? ¡Ay! Probablemente te queme la mano. Al tocar el suelo, el calor se transfiere directamente a la piel. Cuando el calor es transferido por un objeto que toca a otro objeto, se llama conducción. La energía térmica se transfiere de un objeto caliente (el suelo) al objeto más frío (la mano). Esto hace que las partículas de la piel se muevan más rápido. ¡Y hace que la mano se caliente!

La energía térmica también puede transferirse a través de líquidos y gases. Cuando esto ocurre, se denomina *convección*. ¿Has visto alguna vez cómo hierve una cacerola con agua? El agua se calienta. Se forman burbujas. Luego, las burbujas se mueven en un patrón circular desde el fondo de la cacerola hasta la parte superior y nuevamente hacia abajo. El agua caliente sube y el agua más fría baja hasta el fondo. Lo mismo sucede en el aire cuando juegas afuera en un día caluroso. Así es como funciona la convección.

Cómo funciona la conducción

Las cacerolas y sartenes están hechas de metal porque el metal conduce, o transfiere, bien el calor. Se agrega madera o plástico al mango para evitar que te quemes. Estos materiales no son buenos conductores del calor.

¿Cómo funciona la convección?

Cuando los líquidos se calientan, se expanden. Cuando los líquidos se expanden, se vuelven más livianos y menos densos que otros líquidos a su alrededor. Esto hace que se eleven. Una vez que se elevan suficientemente lejos de la fuente de calor, comienzan a enfriarse. Entonces vuelven a descender. ¡Y el ciclo se repite!

Las imágenes térmicas permiten ver la transferencia de energía térmica entre sólidos, líquidos y gases.

¡Los océanos circulan usando la convección!

Electricidad en movimiento

Hoy en día, una de las formas de energía más útiles es la electricidad. Muchos de los artículos que usamos todos los días funcionan a base de esta energía. Piensa en lo que hiciste hoy. ¿Encendiste alguna luz en tu casa? ¿Viste un programa de televisión? ¿Hiciste la tarea en una computadora? Todas estas cosas emplean electricidad. Es una parte vital de la vida. ¡Sería muy difícil vivir sin ella!

La electricidad se crea cuando los electrones se mueven. Los electrones son pequeñas partículas de materia. Tienen una carga negativa. Se mueven alrededor del centro de un átomo. También se mueven de un átomo a otro. Pero solamente pueden moverse hacia un átomo con carga positiva. Cuando los electrones saltan de un átomo a otro, crean una pequeña carga eléctrica, o corriente de electricidad.

La electricidad se puede controlar y transferir por medio de un **circuito**. Los electrones se mueven desde la parte negativa hasta la parte positiva de un circuito. Si observas de cerca una batería, verás un signo más (+) en un extremo y un signo menos (-) en el otro. Si conectas estos dos extremos con un cable, se forma un circuito.

Verdaderamente asombroso

Benjamin Franklin llevó a cabo muchos experimentos con la electricidad. También inventó muchos de los términos que usamos cuando hablamos de la electricidad. Fue el primero en usar los términos carga positiva y carga negativa. Y también inventó la palabra *batería*.

Una batería tiene energía química almacenada. Cuando colocas la batería en un circuito, se puede usar la energía. La energía química se convierte en energía eléctrica. Viaja por el circuito. Si conectas una bombilla al circuito, la energía eléctrica puede convertirse en energía lumínica. ¡La bombilla se encenderá y podrás ver en la oscuridad! Así es como funciona una linterna.

Las plantas de energía producen grandes cantidades de electricidad. Esta electricidad viaja a través de cables y tendidos eléctricos desde la planta hasta tu casa. A veces puedes ver este tendido eléctrico. Otras veces, están bajo la tierra. Las paredes de tu casa tienen cables por los que la electricidad llega a cada habitación. Ahora, todo lo que tienes que hacer es tocar un interruptor en la pared para encender una luz. O puedes conectar un cable a un tomacorriente. ¡Así de simple!

La primera planta de energía eléctrica fue propiedad de Thomas Edison y se inauguró en la ciudad de Nueva York en 1882.

Plantas de energía diminutas

Las baterías son como pequeñas plantas de energía. Si no hay electricidad, puedes usar baterías para hacer funcionar una linterna y no quedar a oscuras.

Combustibles fósiles

Los combustibles fósiles están hechos de los restos de seres vivos. A lo largo de millones de años, la presión y el calor cambia los restos de plantas y animales, y los convierte en cosas como gas natural, petróleo y carbón. Las plantas de energía queman el carbón para hacer electricidad.

ENCENDIDO   APAGADO

Energía explosiva

Las explosiones son liberaciones gigantes de energía. Imagina una bomba que se detona. La energía química almacenada se libera en el aire como energía cinética. ¡Bang! ¡Bum! ¡Pum! Puedes escucharlo. Ese sonido es la energía que se libera. ¡Una inmensa bola de fuego brillante inunda el cielo! Puedes verlo. Se libera energía lumínica. Si estás lo suficientemente cerca, y con suerte no lo estarás, podrás sentir el calor. Se libera energía térmica. Esa sola bomba contiene mucha energía que se libera de muchas formas diferentes.

Sin importar dónde mires o qué hagas, la energía está ahí. Usas la energía transferida de los alimentos para voltear las páginas de este libro. Hasta el libro contiene energía potencial. La energía está en todo nuestro alrededor. La pregunta es, ¿qué harás con toda esa energía?

Reduce el consumo en modo de espera

Muchos artículos electrónicos continúan consumiendo electricidad, incluso cuando están apagados. Esto se conoce como consumo en modo de espera. Puedes reducir este uso y ahorrar dinero si enchufas los artículos electrónicos a dispositivos con múltiples tomas que pueden apagarse cuando no están en uso.

Energía nuclear

Estados Unidos produce más electricidad de origen nuclear que cualquier otro país, casi un tercio del total mundial. El segundo gran productor es Francia, que genera más de tres cuartos de su electricidad en reactores nucleares.

A la superficie de la Tierra llega suficiente luz solar por minuto como para satisfacer la demanda energética mundial durante todo un año.

Piensa como un científico

¿Cómo funciona la energía solar? ¡Experimenta y averígualo!

Qué conseguir

- 2 botellas plásticas de 2 litros
- 2 globos de látex
- pincel
- pintura (blanca y negra)

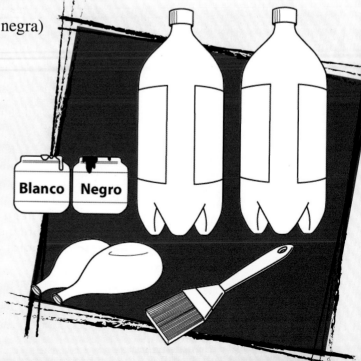

Qué hacer

1 Retira las etiquetas de las botellas y quita las tapas.

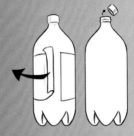

2 Pinta una botella totalmente de negro. Pinta la otra totalmente de blanco.

3 Coloca un globo en la boca de cada botella.

4 Coloca ambas botellas directamente bajo la luz solar. ¿Qué cambios observas? ¿Qué crees que ocasionó esto?

Glosario

circuito: el recorrido completo que hace una corriente eléctrica

conducción: el movimiento del calor o la electricidad a través de algo

convección: el movimiento dentro de un gas o líquido en el que las partes más cálidas se mueven hacia arriba y las más frías hacia abajo

energía: potencia que puede utilizarse para hacer algo

energía cinética: la energía que tiene un objeto debido a su movimiento

energía eléctrica: la forma de energía constituida por un flujo de electrones

energía potencial: la energía que tiene un objeto debido a su posición; energía almacenada

energía química: la energía almacenada en los alimentos, el combustible y otra materia

onda sonora: una onda que se forma cuando se produce un sonido y que se mueve a través del aire y transporta el sonido hasta el oído

partículas: partes muy pequeñas de un objeto grande

radiación: la transferencia del calor por el espacio vacío a través de ondas

trabajo: la transferencia de energía resultante de una fuerza que mueve un objeto

Índice

¡Tu turno!

Energía económica

La energía tiene un costo. Observa las muchas formas en las que empleas la energía en tu hogar. Piensa en las diferentes formas en las que puedes ahorrar energía y así ahorrar dinero. Haz un afiche que muestre tus consejos para ahorrar energía. ¡Pega el afiche en tu casa para inspirar a tu familia a ahorrar energía (y así ahorrar dinero)!